Die Costa Brava

Empordà, Girona und Dalí-Route

PEIX FRESC
COSTA BRAVA
FEDERACIO POSITS DE GIRONA - O.P. 17 - PARA USO ALIMENTARIO RECIPIENTE NO RECUPERABLE

Die Costa Brava

Texte von

LLÀTZER MOIX

Fotografien von

JORDI PUIG

TRIANGLE POSTALS

Inhaltsverzeichnis

- *Küstenorte*
- *Orte im Landesinneren*

Die Costa Brava

Amélie-les-Bains
le Perthus
la Jonquera
Portbou
Prats de Motlló
Darnius
Llançà
Cap de Creus
Garriguella
Port de
la Selva
Sant Pere
de Rodes
la Muga
Peralada
Portlligat
Sant Llorenç
de la Muga
Vilabertran
Cadaqués
Llers
Castelló
d'Empúries
Roses
Camprodon
Figueres
Lladó
Empuriabrava
Castellfollit
de la Roca
Besalú
Sant Pere Pescador
el Fluvià
Golf de Roses
Olot
Torroella
de Fluvià
Empúries
L'Escala
Banyoles
Santa Pau
Sant Esteve
d'en Bas
Verges
Torroella
de Montgrí
l'Estartit
Illes Medes
Parlavà
Púbol
Ullastret
Monells
Peratallada
Pals
sa Riera
sa Tuna
el Ter
Girona
Anglès
La Bisbal
Begur
Palafrugell
Aiguablava
Tamariu
Cassà de
la Selva
Llafranc
Calella de Palafrugell
Sant Hilari
Sacalm
Romanyà
de la Selva
Calonge
Caldes de
Malavella
Palamós
Santa Coloma
de Farners
Llagostera
Platja d'Aro
Arbúcies
S'Agaró
Sant Feliu de Guíxols
Hostalric
Tossa de Mar
Tordera
Sant
Celoni
Lloret de Mar
Blanes

Die Costa Brava lässt sich im Grunde recht einfach beschreiben. Sie ist ein felsiger Küstenstreifen, der über die Jahrtausende von Wind und Meer geformt wurde und der mit einem Teppich aus Sträuchern und Pinien bedeckt ist. Grau, Blau, Weiß und Grün – das sind die Farben der Costa Brava. Kilometerlange Sandstrände wechseln sich mit unendlich vielen kleineren Buchten ab, die mitunter recht eigenartige und überraschende Einblicke gewähren.

Mit jeder Jahreszeit ändert sich das Gesicht dieser Costa Brava. Aber ihre Schönheit bewahrt sie dabei stets. Ein regnerischer Winternachmittag in Cadaqués oder ein *Tramuntana*-Sturm, der das Mittelmeer vor Cap de Creus aufschäumt... ein sonniger Morgen vor den Medes-Inseln südlich des Cap Begur oder in einem anderen Winkel dieser herben Küste, die sich bis nach Blanes hinstreckt... überall bieten sich dem Betrachter unvergleichliche Schauspiele. Hauptdarsteller dieser großartigen Schauspiele ist die Natur selbst. Die Bilder dieses Reiseführers können nur einen Vorgeschmack auf die wirkliche Naturlandschaft bieten, die begehrlich darauf wartet, von Ihnen entdeckt zu werden.

Die Costa Brava

Geografisch betrachtet ist die Costa Brava ein Küstengebiet am nordöstlichen Rand Spaniens. Sie erstreckt sich von der französischen Grenze im Norden bis hinunter zum berühmten Touristenort Blanes, der sich nur 60 km von der Großstadt Barcelona entfernt befindet. Die Costa Brava verbindet die Küstenstreifen der Landkreise Alt Empordà, Baix Empordà und La Selva.

Der Name Costa Brava („Wilde Küste“) wurde Anfang des 20. Jahrhunderts von Ferran Aguilló in Anspielung auf ihre schroffen Formen ersonnen. Reliefartige Felsmassive schieben sich bis ans Ufer des Mittelmeeres und wechseln sich mit sanften Buchten und Stränden unterschiedlicher Länge und Breite ab.

Ihre großartigen Naturschönheiten und ihr sanftes Mittelmeerklima machten die Costa Brava schon Anfang des vorherigen Jahrhunderts zu einem touristischen Anziehungspunkt. Die Sommertemperaturen liegen im Mittel bei 23°, und die Luftfeuchtigkeit ist dank des ständig leicht wehenden *Tramuntana*-Windes sehr gering.

Kleinere Gruppen von spanischen und ausländischen Sommergästen waren die ersten touristischen Eroberer dieses malerischen Streifens am Mittelmeer. Mit der Zeit gesellten sich die ersten privaten Häuser und Villen hinzu, und mit ihnen die ersten Kolonien regelmäßig wiederkehrender Urlaubsgäste. In den Sechzigerjahren begann der rasante Aufstieg der Costa Brava zu einem der beliebtesten Ferienziele Europas.

Aus diesen Gründen gilt die Costa Brava heute als eines der klassischen Reiseziele des internationalen Tourismus. Es sind Namen wie Lloret oder Platja d'Aro, die jedes Jahr Tausende von Besuchern anlocken. Cadaqués gilt als einer der bezaubernsten und romantischsten Mittelmeerorte überhaupt.

Tossa de Mar

Unterwassersportler aus ganz Europa schätzen die unter Naturschutz stehenden Medes-Inseln, welche L'Estartit vorgelagert sind. Künstler aus der ganzen Welt treffen sich schon seit der Jahrhundertwende in Tossa de Mar.

Cadaqués

Port de la Selva, der Naturpark Cap de Creus, die Orte Roses, Empuriabrava und L'Escala genauso wie Begur, Tamariu, Llafranc, Calella, Palamós, S'Agaró oder Sant Feliu zählen zu den bekannten Ferienorten jener Costa Brava, die schon ganze Touristen-Generationen angezogen hat.

Aufgrund ihrer langen Tradition und Geschichte bietet die Costa Brava eine nahezu unerschöpfliche Vielzahl von entdeckenswerten Orten und Plätzen. Sie ist wie geschaffen für all jene aktiven und entdeckungsfreudigen Urlaubsgäste, die es danach trachtet, Länder und Kulturen kennen zu lernen anstatt stets am gleichen Orte zu verweilen. Land- und Seereisen in und um die Costa Brava gewähren einen tiefen Einblick in den Reichtum und die Vielfalt dieser wunderschönen Mittelmeerregion.

Von diesem Gedanken geht der Ihnen vorliegende Reiseführer aus. In vielen eindrucksvollen Bildern werden Ihnen sowohl die natürlichen als auch die von Menschen geschaffenen Kostbarkeiten der Costa Brava vorgestellt. Aber selbstverständlich bietet die Costa Brava viel mehr als es selbst der umfangreichste Reiseführer darstellen könnte.

Frühes Morgenlicht kündigt den Tag in la Fosca an →→

Alt Empordà

Cerbère
Cap Cerbère
Portbou
Colera
Punta de Cap Ras
Port de Llançà
Llançà
Cap de Creus
el Port de la Selva
Sant Pere de Rodes
Parc Natural del Cap de Creus
la Jonquera
Cantallops
Agullana
Espolla
Rabós
Vilamaniscle
Capmany
Sant Climent Sescebes
Darnius
Mollet
Masarac
Garriguella
Vilajuïga
Pau
Palau-saverdera
la Selva de Mar
Biure
Boadella d'Empordà
Peralada
Cabanes
Pont de Molins
Marzà
Pedret
Portlligat
Cadaqués
Llers
Vilabertran
Mas Buscà
Vila-sacra
Castelló d'Empúries
Roses
Figueres
Cistella
Avinyonet
Sta. Margarida
Cala Jòncols
Cap Norfeu
Lladó
Vilanant
Fortià
Empuriabrava
Cala Montjoi
Punta Falconera
Parc Natural dels Aiguamolls de l'Empordà
Borrassà
Navata
Ordis
Vilamalla
Siurana
Sant Pere Pescador
Garrigàs
Golf de Roses
Sant Miquel de Fluvià
Torroella de Fluvià
Orfes
Pontós
l'Armentera
Empúries
Galliners
Sant Mori
Ventalló
Vilaür
Saus
L'Escala
Vilademuls
Viladamat
Punta Grossa
Camallera
Orriols
Riells
Cala Montgó
Garrigoles
Albons
Vilopriu
Viladasens
Colomers
la Tallada
Roca Foradada
Cornellà del Terri
Bellcaire d'Empordà
Punta de la Barra
Sant Jordi
l'Estartit
Cervià
Jafre
Verges
Ullà
Illes Medes
Medinyà
Flassà
Torroella de Montgrí

Portbou

Die Platja del Claper

Die Punta de l'Ocell bei Portbou bildet die Mittelmeer-Grenzlinie zwischen Frankreich und Spanien. Hier erreicht die Costa Brava, welche sich im Süden bis nach Blanes erstreckt, ihren nördlichsten Punkt. Die Grenzstadt Portbou ist – genau wie ihr französischer Nachbarort Cerbère – ein bedeutender Verkehrsknotenpunkt.

Die Küste in jener Gegend besitzt eine eigenartige Grautönung, die sich mitunter auch in der Farbe so manchen Strandes niederschlägt. Zu den bekanntesten Stränden dieser Region gehören Platja Gran und Del Claper sowie die Strände Les Barques und Garbet bei der Ortschaft Colera, bekannt durch die Kapelle Sant Miquel aus dem 12. Jahrhundert.

Portbou, zwischen dem Meer und dem Eisenbahngleis

Llançà

In früheren Zeiten waren Llançà und sein Hafen räumlich voneinander getrennt. Aufgrund des durch den Tourismus bedingten, geradezu stürmischen Wachstums sind beide mittlerweilen zusammengewachsen. Der Altstadtkern von Llançà wird von seiner malerisch schönen Barockkirche Sant Vicenç geprägt. Der mit modernen Hafenanlagen ausgestatte, am Meer liegende Stadtteil befindet sich direkt gegenüber des Platja del Port. Eine umfangreiche Freizeit- und Fischereiflotte nutzt diesen Mittelmeerhafen. Jenseits des Valleta-Baches, eingerahmt von den Stränden Grifeu, Cap Gras und Canyelles befinden sich die nördlichen Stadtteile von Llançà, die sich bis zur Landspitze von Cap Ras hinziehen. Cap Ras schließt die Bucht von Grifeu nach Norden hin ab. Am südlichen Ende von Llançà bietet der Gipfel der künstlich mit dem Festland verbundenen Felsinsel El Castellar einen eindrucksvollen Rundblick über ganz Llançà.

Die Silhouette der Felseninse Castellar prägt Port de Llançà

Der Platja de Garbet

El Port de la Selva

Die Küstenortschaft El Port de la Selva besitzt neben ihrer herrlichen Bucht die typische Silhouette eines mediterranen Küstendorfes. Der Küstenstreifen, welcher El Port de la Selva mit dem Cap de Creus verbindet, wird von einer Reihe kleinerer, scharf eingeschnittener Buchten von manchmal geradezu streng wirkender Schönheit geprägt. Das riesige, über El Port de la Selva thronende Kloster Sant Pere de Rodes scheint dem romantischen Mittelmeerort Schutz und Geborgenheit zu verleihen. Zu den berühmtesten Gästen von El Port de la Selva gehörten die katalanischen Schriftsteller Foix und Sagarra. Weitere Sehenswürdigkeiten von El Port de la Selva sind die Kirche Santa Maria de les Neus, die gut besuchten Terrassen in der Straße Del Mar sowie der Leuchtturm an der Landspitze von S'Arenella. Unvergessliche Momente vermittelt eine Bootsfahrt in Richtung Cap de Creus, vorbei an El Golfet, Cala Galera, Talabre und Tavallera, entlang der Insel Portaló mit ihrer Bucht und den Einrichtungen des Club Mediterranée, vorbei an der Insel und Bucht von Cullaró, an Cala Culip, durch die Meerenge von Claveguera und bis hin zur Insel S'Encalladora und Massa d'Or.

Blick auf die Ortschaft

Die Seefront von El Port de la Selva

Sant Pere de Rodes

Beeindruckender Blick auf Sant Pere und die Küstenlandschaft

Das geradezu monumental wirkende Kloster von Sant Pere de Rodes, dessen Ursprünge ins 10. Jahrhundert reichen, ist einer der romanischen Juwelen Kataloniens. Das riesige, auf einem Berg thronende Kloster zeugt von der Baukunst der Benediktinermönche, die ihre Refugien oft in sehr eindrucksvollen Naturlandschaften anlegten. Der immense und beeindruckende Klosterbau ist nur zu Fuß erreichbar, da die Zufahrt für Autos gesperrt wurde. Der lange Pfad hinauf zum Kloster bietet einen eindrucksvollen Blick hinaus auf die Weiten des Mittelmeeres. Der mittlerweilen unter Einbeziehung moderner Stilelemente restaurierte Klosterbau vereint Kirche, lombardischen Glockenturm und Kreuzgang zu einer harmonischen Einheit. Mit ihren Bögen, Kapitellen und Wandmalereien stellt die Kirche von Sant Pere de Rodes ein großartiges Zeugnis romanischer Baukunst dar. Die oberhalb des Klosters gelegene Burgruine bietet einen beeindruckenden Panoramablick. Weitere architektonische Höhepunkte dieser Mittelmeergegend stellen die Klöster Sant Quirze und Colera dar.

Kapitelle des Mittelschiffs

Innenraum und Außenansicht des Glockenturms

Beeindruckender Blick auf Sant Pere und die Küstenlandschaft →→

Cap de Creus

Aus der Luft betrachtet erscheint die Halbinsel Cap de Creus wie ein allerletztes Aufbäumen der Pyrenäen, bevor diese im Mittelmeer zu versinken scheinen. Felsiges Terrain, Steilküsten und Buchten mit glasklarem Wasser prägen diese Halbinsel, über die ständig der Wind der *Tramuntana* bläst. Seit 1998 steht das Cap de Creus unter Naturschutz. Dieser eindrucksvolle Naturpark und erste Natur- und Meerespark Kataloniens umfasst eine Fläche von 13 886 ha, die zu einem Viertel aus Meer sowie zu Dreivierteln aus Landfläche besteht.

Die Gemeinden Cadaqués, Port de la Selva, Selva de Mar, Llançà, Vilajuïga, Pau, Palau-saverdera und Roses gehören zu diesem Naturpark – ebenso wie das Kloster Sant Pere de Rodes. Zwischen den Landspitzen Bol Nou (Port de la Selva) und Falconera (Roses) gelegen bietet der Naturpark von Cap de Creus eine reichhaltiges Angebot für Wassersportler und Meerestouristen.

Dalí baute seine Residenz aus alten Fischerhütten

Der Leuchtturm, Wegweiser der Seefahrer

Der Wind und das Meer haben diese Landschaft geformt

Cala d'Agulles, eine vor dem Tramuntana-Wind geschützte Bucht →

Tramuntana-Sturm in Pla de Tudela →→

Cadaqués

Wie kein anderer Ort der Costa Brava hat Cadaqués es verstanden, sich sein historisch gewachsenes Ortsbild zu bewahren. Cadaqués liegt südlich vom Cap de Creus entlang einer langgestreckten Bucht. Die Gebirgskette El Pení (605 m) trennt Cadaqués vom Rest der Costa Brava ab. Diese räumliche Abgeschiedenheit hat Cadaqués bis zum heutigen Tage eine bemerkenswerte Eigenständigkeit und Unabhängigkeit beschert. Bis Mitte des 20. Jahrhunderts lebte dieser Mittelmeerort überwiegend von Fischfang, Olivenanbau und Überseehandel. Auf dem kurvigen und höhenreichen Landweg schien Cadaqués von seinen beiden Nachbarorten Roses und Port de la Selva geradezu unendlich weit entfernt zu sein. Der Volksmund meinte sogar, dass ein Seemann aus Cadaqués in der Regel Kuba weit besser kenne als die eigene Nachbarstadt Figueres.

Diese räumliche Abgeschiedenheit war für Cadaqués jedoch eher ein Segen als ein Fluch. Eingebettet zwischen Sträuchern und Schiefersteinen, in Grün und Grau poliert von gleißendem und grellem Licht, so präsentiert sich der katalanische Küstenort, der die Zeiten anscheinend überdauert hat. Die weiße, von niedrigen Bauten gekennzeichnete Silhouette des Ortes wird von der Kirche Santa Maria überragt. Ihr Glockenturm, ihre schlichte Rosette und die neben dem Kirchenportal gepflanzten Zypressen geben der Kirche von Cadaqués ihr unverwechselbares Äußeres.

Hinter seiner weißen Fassade verbirgt sich das „wahre" Cadaqués – das Cadaqués der engen, steilen, gepflasterten Gassen und Straßen, eingerahmt von Bänken und Blumentöpfen und reich an Schatten und Geräuschen. Die Zeit scheint hier regelrecht stillzustehen. Zweifellos war es diese Ambivalenz des malerisch zurückgezogenen, aber gleichzeitig weltoffenen Küstenortes, die aus Cadaqués einen Treffpunkt für Künstler und Intellektuelle aus der ganzen Welt gemacht haben.

Der berühmteste Gast von Cadaqués war Salvador Dalí, dessen Vater aus diesem Ort stammte. Dalí lud seine Studienkollegen Buñuel und García Lorca dazu ein, hier ihre Sommerfrische zu verbringen. Später baute er an der Bucht von Portlligat ein eigenes Refugium und war Gastgeber etlicher surrealistischer Künstler wie Paul Eluard oder

Der Platja des Portitxó

André Breton. Pablo Picasso, Marcel Duchamp oder John Cage zählen ebenfalls zu jener internationalen Künstlerschar, die dem Ort Cadaqués ihre Aufwartung machten.

Cadaqués beherbergt eine ungewöhnlich große Zahl von Kunstgalerien sowie zwei Museen – das Museu Municipal sowie das Museu Perrot Moore. Des Weiteren bietet Cadaqués seinen zahlreichen, häufig gut situierten Besuchern ein alljährlich stattfindendes Musikfestival. Ein bemerkenswertes gastronomisches Angebot inklusive eines lebhaften Nachtlebens in Form von Bars im bestem Boheme-Ambiente (Maritim, Boya, Melitón, Café de La Habana, L'Hostal) vervollständigen das Freizeitangebot dieses Küstenortes an der Costa Brava.

Seine wahre Dimension gewinnt Cadaqués jedoch erst durch das Meer. Bester Beweis dafür ist die große Zahl von Freizeitbooten, die fast das ganze Jahr lang vor Cadaqués ankern. Die Bucht von Cadaqués, im Süden vom Leuchtturm der Cala Nans begrenzt, ist der ideale Ausgangspunkt für eine Bootsfahrt in Richtung Cap de Creus. In nördlicher Richtung offenbart sich dem Meerestouristen ein ganzer Reigen an Sehenswürdigkeiten.

Hier reiht sich eine Bucht an die andere, und das schöne Schiefergestein lässt diese in einem ganz besonderen Licht erstrahlen. Die Bucht von Portlligat ist die erste und fast obligatorische Station auf dieser Seereise. Jonquet, Guillola, Bona, Jugadora und Fredosa sind die Namen einiger anderer kleinerer und versteckter Buchten auf der Fahrt hin zum Cap de Creus. Dieses wird von einem hohen und gleichsam allen Seewinden trotzendem Leuchtturm beherrscht. Die abschließende Rückreise nach Cadaqués führt direkt in den Sonnenuntergang hinein und bietet dem aufmerksamen Beobachter ein Erlebnis, das sich nur mit den ersten Lichtern eines Sonnenaufgangs über der Costa Brava vergleichen lässt.

Altes Lebensmittelgeschäft der Maria de la Monica

„Enge und steile Straßen..."

Barockretabel der Kirche Santa Maria →

Bei Tagesanbruch ist der Ort in warmes Licht getaucht →→

Roses

Schon seit der Antike ist Roses bekannt, und es gab dem angrenzenden Golf seinen Namen. Geprägt durch den 235 m hohen Puig Rom und im Schutze der Halbinsel Cap de Creus gelegen, wurde Roses bereits im 4. Jahrhundert v. Chr. von griechischen Siedlern gegründet. Es folgte eine römische Kolonie, und zu Zeiten der Grafschaft von Empúries (Ampurien) wurde Roses zu einem bedeutenden militärischen Standort ausgebaut. Jahrhunderte später wurde in Roses eine sehr bedeutende Zitadelle errichtet. Die Mauern dieses im Süden von Rodes liegenden militärischen Bauwerkes, welches von Kaiser Karl V. errichtet wurde, können besichtigt werden.

Golf von Roses. Im Vordergrund, der Hafen

Neben seiner militärstrategischen Bedeutung war dieses dichtbevölkerte Städtchen sowohl ein bedeutender Fischereihafen als auch ein wichtiges Zentrum des Mittelmeertourismus, das seinen Einwohnern ein beschauliches und

Der Fischfang ist hier sehr beliebt

gleichzeitiges aktives Leben bot. Weitere architektonische Sehenswürdigkeiten bietet Roses in Form der Ruinen des Castell de la Trinitat, welches sich neben dem Leuchtturm auf der Landspitze Poncella befindet. Weiter im Landesinneren – hinter dem Aussichtspunkt des Puig Rom gelegen – befinden sich die Überreste eines westgotischen Lagers sowie der Dolmen Creu d'en Cobertella, Teil des größten megalithischen Komplexes Kataloniens.

Der Weg zum nördlichen Küstenabschnitt führt vorbei an Ferienhäusern entlang der Buchten Canyelles Petites und Almadrava. Danach wird die Bebauung spärlicher und so gelangt man schließlich nach Cala Montjoi, Cala Jòncols und Cap Norfeu – Orte von schlichter und karger Schönheit. In Cala Montjoi ist während sechs Monaten des Jahres das weltbekannte Restaurant El Bulli geöffnet – bekannt durch seine fast revolutionär anmutende Küche und Pilgerstätte zahlreicher weltbekannter Küchenchefs.

„Els Miquelets", Stadtfest im Sommer

Reste der ehemaligen, von Mauern umgebenen Zitadelle

Strandpromenade

Canyelles Petites →

Lajoya

Empuriabrava

Die an der Costa Brava allgegenwärtige Begeisterung für den Wassersport hat den Ort Empuriabrava entstehen lassen. Empuriabrava dient zahlreichen passionierten Wassersportlern gleichsam als Zweitwohnsitz an der Costa Brava. Wo sonst kann man sein Auto im Vorgarten parken und direkt hinter dem Haus das eigene Boot ankern? Erreicht wurde solch verschwenderischer Luxus durch eine einmalige Kombination aus Land- und Wasserstraßen inmitten des Gemeindegebietes von Castelló d'Empúries am Rande des Muga-Flusses. Hier entstand eine Art „neues Venedig", in dem man jedoch nicht auf das Auto verzichten muss. Zwei Hauptkanäle ziehen sich vom nördlich gelegenen Sportboothafen durch die verschiedenen Ortsteile und verzweigen sich dabei in bis zu 20 naturgerecht angelegte Nebenkanäle, die viele Merkmale des ehemaligen Feuchtgebietes erhalten haben.

Der Hafen, mit dem Gebäude des Yachtclubs im Zentrum

Luftaufnahme der Siedlung

Einer der Hauptkanäle

Vervollständigt wird das breite Angebot von Freizeitmöglichkeiten mit dem Sportflughafen von Empuriabrava. Fallschirmspringen sowie Flüge mit Sport- oder Ultraleichtflugzeugen machen diesen Urlaubsort zu einem einmaligen Anziehungspunkt für Wasser- und Flugsportliebhaber. Einer der breitesten Strände der Costa Brava verbindet die beiden felsigen Enden der Bucht von Roses miteinander. Direkt hinter dem Strande befinden sich auf sorgfältig kultiviertem Schwemmland umfangreiche Ländereien sowie der bekannte Parc Natural dels Aiguamolls. Dieser Naturpark gilt als ein beeindruckendes Vogelreservat. Nördlich von Empuriabrava befindet sich Santa Margarida, welches auf kleinerem Gebiet und mit Hilfe eines etwas kleineren Kanalsystems die Bauweise von Empuriabrava nachahmt.

Der ausgedehnte Strand von Empuriabrava

Castelló d'Empúries

Die ehemalige Hauptstadt der Grafschaft Empúries, regionales Machtzentrum im Mittelalter, hat ihren Glanz von damals auf nahezu perfekte Weise bis zum heutigen Tag bewahrt. Für eine Stadt mit nur 5000 Einwohnern mag die Kathedrale des Empordà sicherlich als übertrieben groß erscheinen. Ihr eigentlicher Sinn wird erst durch die historische Betrachtung deutlich. Das prachtvolle gotische Portal der Kirche zeigt die gemeißelten Figuren der 12 Apostel. Daneben erhebt sich der Glockenturm, ein Überbleibsel des romanischen Gotteshauses, welches dort Anfang des zweiten Jahrhunderts errichtet wurde. Die Kirche besitzt drei Schiffe, in denen einige Kapellen, ein Retabel sowie die Grabstätten der Grafen Malgauli und Hug untergebracht sind. Castelló zeichnet sich durch ein sehr harmonisches Stadtbild aus, in dem Rathaus – ehemals Sitz der Seehandelsbörse – das Pfarrmuseum und als gelungenes Beispiel gotischer Profanarchitektur die Casa Gran hervorstechen.

Kirche Santa Maria, „Kathedrale des Empordà"

La Farinera, zu einem Ökomuseum umgestaltet

Peralada

Peraladas Geschichte reicht bis ins zweite Jahrtausend zurück, als es Hauptstadt einer eigenen Grafschaft war. Die Stadt präsentiert sich ihren Besuchern als ein gut erhaltener mittelalterlicher Baukomplex, in dem gotischer und romanischer Baustil miteinander verflochten sind. Pflichtprogramm für jeden Besucher sind der romanische Kreuzgang des Klosters von Sant Domènec sowie das im gotischen Stil gehaltene Carme-Kloster. In der Kirche Sant Martí vermischen sich diese beiden Baustile. Patrizierhäuser zeugen vom Reichtum und Prestige, das die Stadt in vergangenen Jahrhunderten genoss. Das Schloss von Peralada ist nahezu vollständig erhalten und beherbergt als Zugeständnis an die moderne Zeit ein großzügiges Spielcasino. In den Gärten des Schlosses Peralada findet im Sommer eines der anspruchsvollsten und ehrgeizigsten Theater- und Musikfestivals Kataloniens statt.

Das Schloss, Sitz des Spielcasinos und Veranstaltungsort der Sommerfestivals

Kreuzgang von Sant Domènec

Vilabertran

Vilabertran, eine kleine Siedlung nördlich von Figueres, ist aufgrund der Kollegiatskirche Santa Maria bekannt, in der sich verschiedene architektonische Stile in ungewohnter Harmonie verbinden. Die Bauarbeiten an dieser geradezu monumental wirkenden Augustinerkirche begannen bereits im 10. Jahrhundert und zogen sich bis ins 19. Jahrhundert hin. Imposant und ganz besonders auffallend innerhalb dieses großzügigen Baukomplexes ist die wunderschöne romanische Kirche, deren Kreuzgang und deren wohlproportionierten und graziös wirkenden Apsiden eine architektonische Meisterleistung darstellen. Die Kirche stellt sich als riesiger Baukomplex dar, zu dem neben etlichen zivilen Gebäuden auch eine militärische Befestigung gehören. Santa Maria, welches im Verlauf der Jahrhunderte unter verschiedenen Kriegsschäden litt, wurde mittlerweilen originalgetreu restauriert.

Der monumentale Baukomplex Santa Maria

Kreuzgang von Santa Maria

Sant Llorenç de la Muga

Nahe der französischen Grenze zu Füßen der Pyrenäen befindet sich das mittelalterliche Dorf Sant Llorenç de la Muga. Schon vor der eigentlichen Stadtmauer stößt der interessierte Besucher auf die Ruinen der hiesigen Burg, deren Ursprünge bis ins 13. Jahrhundert zurückreichen. Der Altstadtkern, den man durch ein Fallgittertor betritt, wird von der Kirche Sant Llorenç beherrscht. Sie beeindruckt den Besucher durch ihre militärische Armierung sowie den quadratischen Turm. Seine festungsartige und wehrhafte Architektur gilt als das Hauptkennzeichen von Sant Llorenç de la Muga. Nahezu überall entdeckt man Hinweise wie die an manchen Stellen mit Zinnen bewehrte sowie mit zahlreichen innen- oder außenstehenden Türmen befestigte Stadtmauer, die von dieser wehrhaften Vergangenheit zeugen. Von der gleichen Vergangenheit spricht auch der sich auf einem Hügel jenseits des Muga erhebende Wachturm. Doch heutzutage ist das friedliche Sant Llorenç de la Muga schon längst keine militärische Trutzburg mehr und zieht im Sommer überwiegend Bergwanderer, Jäger und Fischer an.

Fallgittertor im mittelalterlichen Ortskern

Der Canigó vom Alt Empordà aus →→

Die Architektur weist darauf hin, dass die Berge nah sind

2

Aigüamolls de l'Empordà

Manchmal werden Träume wahr – vor rund einem Vierteljahrhundert kämpfte eine Gruppe junger Umweltschützer um den Erhalt der Aiguamolls de l'Empordà, ein wertvolles Feuchtgebiet, in dem Hunderte von Tierarten leben oder zu bestimmten Jahreszeiten verweilen. Der Erhalt dieser Naturlandschaft schien äußerst ungewiss. Heute ist daraus der Parc Natural dels Aiguamolls de l'Empordà geworden. Dank eines Gesetzes aus dem Jahre 1983 wurde Kataloniens zweitwichtigster Naturpark erschaffen. Er gehört zum Pflichtprogramm für Vogelkundler aus aller Welt und insbesondere für alle Anhänger des sogenannten „Bird Watching's". Bei einer unter Naturschutz stehenden Gesamtfläche von 4 783,5 Hektar, wovon 867,5 als unveränderliches Naturreservat ausgewiesen wurden, bietet dieser Naturpark zahlreichen Vogelarten wie Störchen, Reihern, Flamingos, Enten, Milanen, Geiern, Adlern und Falken ein ideales Rückzugsgebiet. Der sich zwischen Roses und Sant Pere Pescador erstreckende Naturpark ist in drei Gebiete eingeteilt, die jedes für sich ein bestimmtes natürliches Habitat darstellen.

Die Tiere genießen den friedvollen Naturpark

Sant Pere Pescador

Insel d'en Caramany, in einer Krümmung des Flusses Fluvià

Das Stadtleben von Sant Pere Pescador spielt sich zu beiden Seiten des Flusses Fluvià ab. Im mittleren Teil des Golf von Roses und zwei Kilometer vom Meer entfernt unterteilt sich die Stadt in das alte, am linken Flussufer gelegene Stadtzentrum sowie den am rechten Ufer gelegenen, modernen Sportboothafen mit dem Stadtteil La Llona. Landwirtschaft und Viehzucht zählen zu den traditionellen Wirtschaftszweigen von Sant Pere Pescador. Mittlerweile hat sich der Tourismus mit seinen zahlreichen, sich entlang des langgezogenen Sandstrandes entstandenen Campingplätzen dazugesellt.

Der sich von Sant Martí d'Empúries bis zur Mündung des Fluvià dahinziehende Strand und der häufig wehende *Tramuntana*-Wind machen Sant Pere Pescador zu einem wahren Paradies für Windsurfer. Für Wasserski-Fahrern ist die breite Mündung des Fluvià sowie die darin versteckte Insel De Caramany das ganze Jahr über ein wahrer Hort der Freude.

Der Sonnenuntergang färbt den Himmel und seinen Spiegel, den Fluss

Empúries

Nur wenige Meter vom Meer entfernt befinden sich die weltberühmten Ruinen von Empúries. Einst besiedelten Griechen, Römer und Iberer diese Mittelmeergegend und hinterließen zahlreiche Spuren, welche diesen Ort zur größten archäologischen Schatzkammer Kataloniens gemacht haben. Griechische Siedler waren die ersten Bewohner von Empúries und machten es bereits im 5. Jahrhundert v. Chr. unter dem Namen Palaiapolis bekannt. Die gleichen Siedler waren es, die kurz danach einen Ort namens Neapolis gründeten – heute eine ebenso bekannte und geschätzte archäologische Ausgrabungsstätte. Truppen aus Iberien und Rom folgten den griechischen Siedlern einige Jahrhunderte später nach. Um 218 v. Chr. errichteten die Römer in Empùries ein Feldlager, welches zum Ausgangspunkt für die systematische Kolonisierung Spaniens wurde. Die zu Beginn des 20. Jahrhunderts freigelegte Ausgrabungsstätte umfasst das ursprüngliche Straßennetz sowie Überreste von Mauern, Gebäuden, Skulpturen, Mosaiken, Hafenkais und zahlreiche Werkzeuge. Das der Ausgrabungsstätte angeschlossene und zum Besuch einladende Museum enthält eine Vielzahl von Fundstücken aus jener Zeit.

Römisches Mosaik

Luftaufnahme der archäologischen Fundstätte

Äskulap, Museu d'Empúries

Tempel des Äskulap, Griechische Stadt →

Domus I, Römische Stadt →→

L'Escala

Die Platja de les Barques

L'Escala war einst ein kleiner Fischerort am Südrand des Golfes von Roses. Heute ist daraus eine weitläufige Ortschaft geworden, die sich von Cala Montgó im Süden bis nach Sant Martí d'Empúries im Norden erstreckt. Die sich um die Platja de les Barques windende Altstadt wird von der Platja d'en Perris flankiert. Im Stadtkern gibt es zahlreiche Geschäfte sowie die malerischen, landestypischen Lagerhallen der Anchovis-Konserven. Zahlreiche Hotels laden zum Verbleib in L'Escala ein – einem Ort, der in den letzten Jahrzehnten geradezu rasant in alle Himmelsrichtungen expandierte.

Lebendiger Beweis für dieses rasante Wachstum ist der waldreiche Berg Montgó, auf dem mehrere Ortsteile nach oben gewachsen und mit dem Hafen La Clota gleichsam zusammen gewachsen sind. La Clota ist Hauptstützpunkt der riesigen örtlichen Freizeitflotte. Die dichte Bebauung in und um L'Escala kontrastiert mit den kargen und hohen Steilküsten, die sich südlich von Montgó erstrecken. An der Punta del Milà in Richtung L'Estartit hat man eine wundervolle Aussicht, und die gesamte Küste hat ihren unverfälschten und natürlichen Charme bewahrt. Vom Hafen La Clota gelangt man in nördlicher Richtung zum großen Strand von Riells. El Cordolar mit seiner langen Strandpromenade verbindet Riells mit dem alten Stadtkern.

Nördlich von L'Escala verläuft eine der schönsten Promenaden der Costa Brava, die auf knapp zwei Kilometern Länge zahlreiche Spaziergänger, Radfahrer und Rollschuhläufer anlockt. Von hohen, mitunter vom Wind gebogenen Pinien beschattet und von Wanderdünen unterhöhlt schlängelt sich diese Promenade auf rotem Asphalt daher und verbreitet dabei einen eigenartigen Duft nach Harz und Salpetersalz.

Zur Rechten reihen sich die Strände von Rec, Portitxol, Convent, Sant Martí und die Reste einer griechischen Mole wie eine Perlenkette aneinander. Zur Linken ein uraltes, liebenswertes Hotel, die Ruinen von Empúries, von

7ª BA 5 686 92
7ª-MH-1-141-02

Pinien und Zypressen flankierte Felder und auf einer Anhöhe das schöne mittelalterliche, von Mauern umgebene Dorf Sant Martí d'Empúries. Mit seinen alten, um einen zentralen Platz stehenden Gebäuden und seiner eher schlicht wirkenden Kirche sowie zwei mit Sommergästen stets prall gefüllten Terrassen stellt dieser Ort einen Anziehungspunkt der ganz besonderen Art dar.

Dieser Spazierweg von L'Escala bis Sant Marti versetzt den Besucher in den Geist und die Seele jener Landschaft, welche die griechischen Seeleute und Begründer von L'Empúries vor nun schon mehr als zwei Jahrtausenden geradezu magisch anzog.

Der Hafen von L'Escala

Pinen säumen El Pedrigolet

Anchovis aus L'Escala

Der Bogen von Portitxol →

Die Dalí-Route

Sant Pere de Rodes
el Port de la Selva
Parc Natural del Cap de Creus
Garriguella
Vilajuïga
la Selva de Mar
Pau
Pont de Molins
Cabanes
Peralada
Marzà
Pedret
Palau-saverdera
Portlligat
Cadaqués
el Mas Boscà
Llers
Vilabertran
la Muga
Roses
Castelló d'Empúries
Figueres
Vilasacra
Santa Margarida
Cala Jòncols
Cap Norfeu
Avinyonet
Cala Montjoi
Fortià
Empuriabrava
Punta Falconera
Borrassà
Vilamalla
Ordis
Siurana
Sant Pere Pescador
Golf de Roses
Garrigàs
Torroella de Fluvià
Sant Miquel de Fluvià
Pontós
l'Armentera
el Fluvià
Ventalló
Empúries
Sant Mori
Vilademuls
Vilaür
Saus
L'Escala
Viladamat
Punta Grossa
Camallera
Cala Montgó
Orriols
Riells
Garrigoles
Albons
Vilopriu
Roca Foradada
Viladasens
Colomers
la Tallada
Bellcaire d'Empordà
Sant Jordi
Punta de la Barra
l'Estartit
Cervià
Jafre
Verges
Illes Medes
Ullà
Sant Joan de Mollet
Flassà
el Ter
Torroella de Montgrí
Foixà
Ultramort
Bordils
Gualta
Serra d'Aró
Rupià
la Pera
Parlavà
Celrà
Platja de Pals
Sant Martí Vell
Púbol
Ullastret
Fontanilles
Pals

Portlligat

Portlligat ist eine karge Bucht nördlich von Cadaqués. Mit ihren von windresistentem Buschwerk bewachsenen Schiefersteinküsten und umgeben von einem geradezu elektrisierend blauen Meer gilt Portlligat als die „Dalianische Landschaft“ an sich. Hier lebte der berühmte Maler Salvador Dalí bereits im Jahre 1930 in einer einfachen Fischerhütte und verewigte diese beindruckende Landschaft in zahlreichen Bildern.

Portlligat war die eigentliche Heimat des Salvador Dalí, dem Weltenbürger, der in Paris und New York zu Hause war, sich aber immer wieder in diesen Winkel des Mittelmeeres zurückzog, um Frühjahr und Sommer hier zu genießen. Die alte Fischerhütte, neben einem Olivenhain gelegen, wurde mit der Zeit zu einer großzügigen Behausung ausgebaut. In diesem Wohnkomplex, der gleichzeitig als Atelier diente, empfing Salvador Dalí Besucher und Journalisten aus der ganzen Welt und unterhielt dort ein eigenes Gefolge. Das eigenwillig ausgestatte Haus Dalis ist seit 1997 kleinen Besuchergruppen nach Voranmeldung zugänglich.

Das Taubenhaus, von einem großen Ei beherrscht

Dalí baute seine Residenz aus alten Fischerhütten

Brunnen im Innenhof des Museumshauses

Blick auf die Bucht →

Figueres

Die geodäsische Kuppel des Theater-Museums Dalí

Figueres ist der wichtigste Ort der Region Alt Empordà und des Gebietes der *Tramuntana*, dem der trockene Nordwind, der von Zeit zu Zeit über das Land fegt, den Namen gegeben hat. Als handelstechnisches, kulturelles und gastronomisches Zentrum bietet Figueres seinen Besuchern ein reichhaltiges Angebot an Einrichtungen. Unter diesen sind das Museu del Joguet mit seiner Sammlung historischer Spielzeuge sowie das Teatre-Museu Dalí besonders erwähnenswert. Dieses Museum ist sicherlich die Hauptattraktion auf der sogenannten Dalí-Route.

Salvador Dalí ist der berühmteste Sohn von Figueres. Gleichzeitig ist es der Geburtsort von Narcis Monturiol, einem der Erfinder der Unterseefahrt. Zu den wichtigsten historischen Bauwerken von Figueres gehören die Kirche Sant Pere und das Kastell von San Fernando. Die eigentliche Lebensader von Figueres ist jedoch die breite Rambla im historischen Stadtkern. Mit rund einer Million Besuchern im Jahr gilt das Teatre-Museu Dalí nach dem Prado in Madrid als zweitwichtigstes Museum Spaniens. Es enthält eine bedeutsame Sammlung von Werken des Künstlers, und das Gebäude selbst ist ein großartiges Kunstwerk.

Salvador Dalí war es, der Anfang der Sechzigerjahre die Idee hatte, ein Museum in seiner eigenen Heimatstadt zu bauen. Dafür wählte er das Mitte des 19. Jahrhunderts gebaute Theater aus, welches seit Ende des spanischen Bürgerkrieges (1939) in Trümmern lag. Der große Künstler begründete diese Wahl mit folgendem Satz: „Ich bin ein theatralischer Maler, ich wurde in der Kirche gegenüber dem Theater getauft, und es war im Foyer dieses Theaters, in dem ich meine erste Ausstellung zeigte." Auf den Ruinen des Theaters ließ der Maler ein Museum errichten, welches im September 1974 für das Publikum geöffnet wurde. Das von einer durchsichtigen, netzartigen Kuppel bedeckte Museum umfasst etwa 4000 Werke des Künstlers, von denen 1500 permanent ausgestellt werden. Zu diesen Kunstwerken gehören zahlreiche Malereien,

Radierungen, Zeichnungen, Hologramme, Fotos und als letzte bedeutende Neuerwerbung eine umfangreiche Sammlung von Schmuckstücken des Künstlers.

Neben diesen Ausstellungsstücken sind es die von Dalí für das Museum selbst geschaffenen Kunstwerke und Räume, die dem Museum sein ganz besonderes Flair verleihen. Dazu gehören der Mae-West-Raum, der durch die perspektivische Maltechnik des *Trompe l'oeil* den Eindruck von drei Dimensionen vermittelt, ebenso wie der im Innenhof des Museums geparkte Cadillac, in dessen Innerem es unaufhörlich regnet. Vervollständigt wird das Museum durch Werke von Künstlern, die Dalí besonders schätzte, wie El Greco, Bouguereau und Duchamp.

Dalí galt Zeit seines Lebens als freigiebiger und sogar verschwenderischer Mensch. So kam es, dass seine Werke über die ganze Welt zerstreut wurden. Das Teatre-Museu Dalí vereint jedoch einen bedeutenden Teil seines künstlerischen Gesamtwerkes. Die letzte Heimstätte Dalis befand sich in der Torre Galatea in unmittelbarer Nähe des Museums selbst. Nach seinem Tod 1989 wurde er in der Krypta unter dem Museum beigesetzt. Es war sein eigener Wunsch gewesen, mitten im Herzen dieses großen Kunstwerkes seine allerletzte Ruhestätte zu finden.

Die Elemente des Mae West-Raums

Die Torre Galatea wird von riesigen Eiern gekrönt

BA. 6. 1497

Schlafzimmer in der Sala Noble

← Die netzartige Kuppel und der „Regnerische Cadillac"

Decke im Palau del Vent →→

Púbol

Der Pianosalon

40 Kilometer südlich von Figueres befindet sich Púbol, eine aus sanft geschwungenen Hügeln und Ackerland bestehende Kulturlandschaft. Das Schloss von Púbol, im Zentrum des gleichnamigen Dorfes gelegen, ist die dritte Reisestation der Dalí-Route. Im Jahre 1970 erstand Dalí für seine Frau Gala Diakonova dieses im 14. Jahrhundert entstandene Gebäude. Púbol wurde zur privaten Rückzugsstätte seiner Frau, Ort ihrer Zerstreuung und ihres Privatlebens. Der Zugang nach Púbol war selbst Dalí nur gegen Voranmeldung möglich. Das Schloss von Púbol ist ein dreistöckiger Bau, der sich direkt neben der Dorfkirche befindet. Es besitzt einen Innenhof und einen französisch gestalteten Garten. Dalí und seine Gattin restaurierten das Gebäude, fast eine Ruine, und gaben ihm einen eigenartigen und besonderen Stil, ohne jedoch seine romantische Atmosphäre zu zerstören. Elefanten-Skulpturen und Wagner-Büsten sowie diverse Dalí-Malereien verleihen diesem Gebäude seinen ganz besonderen Charakter.

Das Schloss und die Kirche

Nach dem Tod Galas 1982 und ihrer Beisetzung in Púbol beschloss Dalí neben seiner verstorbenen Frau weiterzuleben und richtete sich im Schloss ein. Sein Aufenthalt dauerte genau zwei Jahre. Im Jahre 1984 erlitt er während eines Brandes schwere Verletzungen. Nach einem Klinikaufenthalt in Barcelona zog er nach Figueres in ein Gebäude neben seinem geliebten Teatre-Museu. Seit 1996 ist die Casa-Museu Castell Gala Dalí von Púbol der Öffentlichkeit zugänglich. Die von Dalí höchstpersönlich bemalten Decken, die Haute-Couture-Kleidersammlung Galas und vor allem die Räumlichkeiten, in denen der Maler und seine Frau lebten, gelten als besonderer Anziehungspunkt.

Einer der „Trompe l'oeil", die das Haus schmücken

Detail des französisch gestalteten Gartens

Baix Empordà
La Selva

Cornellà del Terri
Viladasens
Colomers
la Tallada
Bellcaire d'Empordà
l'Estartit
Illes Medes
Sant Jordi
Cervià
Jafre
Verges
Ullà
Torroella de Montgrí
Platja de l'Estartit
Medinyà
Sant Joan de Mollet
Flassà
Ultramort
Serra de Daró
Foixà
Gualta
la Pera
Celrà
Bordils
Parlavà
Rupià
Ullastret
Fontanilles
Platja de Pals
Sarrià de Ter
Sant Martí Vell
Púbol
sa Riera
Corçà
Peratallada
Aiguafreda
Madremanya
Monells
Pals
Begur
sa Tuna
Girona
Salt
Cruïlles
Vulpellac
Torrent
Regencós
Cap de Begur
Montnegre
Sant Sadurní de l'Heura
la Bisbal d'Empordà
Llofriu
Aiguablava
Quart
Sant Mateu
Tamariu
Palafrugell
Fornells
Llambilles
Santa Pellaia
Mont-ras
Llafranc
Riudellots de la Selva
Calella de Palafrugell
Vall-llòbrega
Cassà de la Selva
Cap Roig
Calonge
Palamós
Platja de la Fosca
Sant Andreu Salou
Romanyà de la Selva
Caldes de Malavella
Llagostera
Santa Cristina d'Aro
Platja d'Aro
Castell d'Aro
S'Agaró
Sant Llorenç
Platja de Sant Pol
Vidreres
Sant Feliu de Guíxols
la Selva
Platja del Senyor Ramon
Cala Salionç
Cala Giverola
Tossa de Mar
Platja de Llorell
Cala Canyelles
Lloret de Mar
Platja de Fenals
Blanes

L'Estartit

Der Hafen, mit der Silhouette des El Molinet

Der Ort L'Estartit befindet sich rund eine Seemeile vom Archipel der 7 Medes-Inseln entfernt. Im Schatten der riesigen Felsmasse des Roca Maura gelegen besitzt L'Estartit langgezogene Strände, die sogar die Flüsse Ter und Daró weiter im Süden erreichen, und sich bis zur Ortschaft Pals erstrecken.

Die riesige Tiefebene, die L'Estartit mit Torroella de Montgrí verbindet, sowie seine breite Öffnung zum Mittelmeer haben die jüngste Geschichte dieses Mittelmeerortes entscheidend mitgeprägt. Der Ort besitzt nämlich sowohl sehr viel Bauland für Hotels, Ferienhäuser und Appartementanlagen als auch einen ausgedehnten Sport- und Fischereihafen, welcher L'Estartit zu einem beliebten Treffpunkt von Wassersportlern gemacht hat. Die seit 1990 zum Naturpark erklärten Medes-Inseln gelten als Traumziel von Unterwassersportlern aus ganz Europa.

Mit bis zu 500 Tauchgängen täglich gelten die Medes-Inseln als das Tauchparadies an der Costa Brava schlechthin. Bootsausflüge mit Glasbodenbooten rund um die Inseln ermöglichen es den tauchunkundigen Touristen, die umfangreiche Flora und Fauna des Mittelmeeres zu entdecken. Zackenbarsche, Meeraale, Wolfsbarsche, Rotbarben und Geißbrassen tummeln sich in den Gewässern der Medes-Inseln und ganze Schwärme von Möwen haben die Inseln als Nistplatz auserkoren. In früheren Zeiten waren die Medes-Inseln ein berüchtigter Piratenstützpunkt. Ein Besuch dieser Inseln gehört zum Pflichtprogramm jedes Urlaubers, ebenso die Bootsfahrt entlang des nördlichen Küstenabschnittes von der abgetragenen Landspitze Punta de el Molinet und ihren beeindruckenden Steilküsten bis hin zum schiffbaren Tunnel der Foradada.

Sowohl die Steilküste als auch die Medes-Inseln gehören zum riesigen Massiv des Montgrí, welches seinen eigentlichen Gipfel in Torroella de Montgrí besitzt. Torroella de Montgrí selbst ist eine mittelalterlich geprägte Kleinstadt,

3ª BA5-1459

die neben einem sehr bekannten allsommerlichen Musikfestival vor allem durch eine umfangreiche Sammlung zeitgenössischer Kunst bekannt wurde. Das zwischen dem 13. und 14. Jahrhundert errichtete und liebevoll restaurierte Castell de Montgrí mit seinen beeindruckenden zinnenbewehrten Mauern machen jeden Ausflug nach Torroella de Montgrí lohnenswert.

Luftaufnahme des Medes-Archipels →→

Beim Unterwassersport kann man die vielfältige Fauna bewundern

Tascó Gros und Cavall Bernat

Pals

El Pedró, auf dem Hügel, der Pals beherrscht

Die einst für ihre Reisfelder berühmte Ortschaft Pals gliedert sich in drei Teile: den am Rande der Landstraße nach Torroella de Montgrí gelegen Ortskern, den langen Küstenbereich und den bereits im Mittelalter errichteten Ortsteil El Pedró. Lange Sandstrände und eine Vielzahl von Ferienwohnungen, Camping- und Golfplätzen prägen den hinter den Masos de Pals gelegenen Küstenbereich.

Das auf dem Hügel von Pals thronende, mittelalterliche Viertel El Pedró wurde rund um die gotische Kirche Sant Pere errichtet. Es zeichnet sich durch einen wunderschönen Ausblick auf die umliegenden Gegenden aus. Der Schriftsteller Josep Pla pflegte seine Gäste nach El Pedró einzuladen, um ihnen von dort den Reichtum und die Vielfalt seiner Heimat zu zeigen. Diese großartige Landschaft erstreckt sich von den Pyrenäen bis zum Ackerland des Baix Empordà und wird nur von einem großen Stück Meer, welches von den Medes-Inseln beherrscht wird, unterbrochen.

Winkel des mittelalterlichen Viertels

Eine der Straßen, die nach El Pedró hinaufführen

← Gotischer Bogen am Eingang zur ummauerten Festung

Peratallada

Peratallada entstand auf einem von Menschenhand gemeißelten Felsen. Daher stammt auch der Name dieser Ortschaft, der sich von *pedra tallada* (gemeißelter Stein) ableitet. Der alte, mittelalterliche Stadtkern wird vom Castell de Peratallada beherrscht. Dessen Mauern enthalten eine Reihe von mittelalterlichen Türmen, unter denen der mächtige Ehrenturm mit seinem quadratischen Grundriss herausragt. Sehenswert ist der historische Platz Peratalladas mit seinem Säulengang und seinen Bebauungen, die den Stil dieser Epoche bewahrt haben. Die Umgebung Peratalladas wird von den überwiegend landwirtschaftlich geprägten Orten Son Vulpellac, Sant Feliu de Boada, Sant Julià und Palau-Sator geprägt. Diese beschaulich wirkende Gegend scheint vom lebhaften Treiben an der Mittelmeerküste sehr weit entfernt zu sein.

Eingang zu den Säulengängen des Platzes

Gepflasterte Straßen in der Stadt

supermercat

Ullastret

Ullastret besitzt einen liebevoll restaurierten mittelalterlichen Stadtkern, welcher Reste des ehemaligen Mauerrings mit einschließt. Viel Wert wurde dabei auf die harmonische Einbeziehung neuzeitlicher Stilelemente gelegt. Interessante historische Bauten wie die romanische Kirche Sant Pere und der Llotja-Platz vervollständigen dieses mittelalterliche Ambiente. Die wohl berühmteste Sehenswürdigkeit von Ullastet jedoch ist die im 5. Jahrhundert v. Chr. errichtete iberische Siedlung. Auf dem Hügel von Sant Andreu gelegen und erst 1948 durch Zufall entdeckt erwies sich diese Siedlung rasch als eine der bedeuternsten archäologischem Ausgrabungsstätten ihrer Epoche. Fast zur gleichen Zeit wie in Ullastret entstand in Empúries die erste griechische Siedlung.

Blick vom Aussichtspunkt der Siedlung →→

Reste der iberischen Siedlung

Die Fundstätte ist von großem archäologischen Wert

La Bisbal

Terracotta-Museum

Das mittelalterliche Dorf Monells in der Nähe von La Bisbal →→

Das Städtchen La Bisbal liegt ein wenig im Schatten seiner größeren Schwestern Girona und Figueres und wird häufig als die „Nachhut der Costa Brava" angesehen. Die quer durch La Bisbal verlaufende Landstraße dient gleichsam als Schaufenster der örtlichen Keramikindustrie. Küchenutensilien, Kacheln, Blumentöpfe und Krüge – gefärbt in den landestypischen Farben Blau, Grün und Gelb – bieten sich auf Bürgersteigen ausgebreitet den zahlreichen Besuchern dar. Eine Vielzahl von landwirtschaftlichen Produkten wie Getreide, Wein und Öl sowie eine umfangreiche Viehwirtschaft haben La Bisbal zu einer wohlhabenden Stadt gemacht. Des Weiteren zeugen eine Anzahl gut erhaltener historischer Bauwerke von der einstigen historischen Bedeutung dieser Kleinstadt. Bekanntestes Bauwerk ist der Schlosspalast der Bischöfe von Girona, heute Sitz des historischen Archivs des Landkreises. Die *Voltes* (Bögen) der Hauptachse sowie die Barockkirche Santa Maria, vor der der Straßenmarkt von La Bisbal stattfindet, vervollständigen dieses historische Ambiente.

Blick über die Ortschaft

NEMINI PARCO

Verges

Seine alljährlich in der Nacht vom Gründonnerstag zum Karfreitag stattfindende Prozession hat Verges berühmt gemacht. Tausende von Menschen wohnen dieser Prozession, in der der „Tanz des Todes" zelebriert wird, bei. Dieses Ritual mittelalterlichen Ursprungs vermischt Religiöses mit Heidnischem und Schauriges mit Festlichem. Eigentlicher Protagonist dieser Prozession ist eine Tanzgruppe, die in angsteinflössende Skelett-Kostüme gekleidet ist. Maskiert mit Totenschädeln, ausgerüstet mit Sensen, Totenkränzen, Uhren und Inschriften wie dem Lateinischen *Tempus fugit* symbolisiert diese Tanzgruppe die doch recht kurze Zeit irdischen Daseins. Römische Soldaten sowie biblische Bilder und Zitate ergänzen dieses alljährliche Schauspiel, bei dem die Prozessionsteilnehmer sich mehr springend als laufend voran bewegen. Augenzwinkernder Zeuge dieses alljährlichen Spektakels ist die bedeutsame und gut erhaltene historische Kirche von Sant Julià i Santa Basilisa.

Der Tod ist Hauptdarsteller bei der Gründonnerstags-Prozession

Die Kirche ragt über den Baukomplex hinaus

Begur

Das Stadtgebiet von Begur liegt am Hang eines Vorgebirges, welches von einem im 17. Jahrhundert auf den Resten eines Lehnsgutes errichtetem Kastell gekrönt wird. Begur selbst ist eine friedliche Ortschaft, die ihr traditionelles und historisches Ambiente weitgehend erhalten hat und gleichsam die Mutterstadt der kleinen Küstenorte des Cap Begur geworden ist. Sa Riera, Aiguafreda, Sa Tuna, Fornells und Aiguablava sind die Namen dieser Begur umgebenden kleineren Küstenorte. Die Höhenlage Begurs ermöglicht einen geradezu atemberaubenden Rundblick in das Umland, der bis hin zu den Medes-Inseln und dem Strand von L'Estartit reicht. An klaren Tagen ist von hier aus sogar der Golf von Roses zu erkennen. Begur war einst Zentrum der mittlerweilen nicht mehr existierenden Korallenfischerei. Es zeichnet sich durch seinen bezaubernden Altstadtkern aus, der seinen Einwohnern ein ebenso komfortables wie beschauliches Leben bietet. Die großen Patrizierhäuser, welche von den zahlreichen *Indianos* (aus Südamerika zurückgekehrte ehemalige Auswanderer) erbaut wurden, verleihen der Stadt diesen ganz besonderen Charakter.

Die Reste des Kastells krönen die Siedlung

Hinter dem Ort der Montgrí und die Medes-Inseln →→

Typische Häuser der „Indianos"

Sa Riera

Illa Roja, an der Küste Richtung Pals

Sa Riera ist ein typisches Beispiel für die urbanen Veränderungen, welche die Costa Brava im Lauf der Zeit erfahren hat. Einst war Sa Riera nur ein kleiner beschaulicher Platz am Mittelmeerstrand, an dem Fischer ihre Boote anlandeten und der mit einigen wenigen Fischerhütten und Lagerschuppen bebaut war. Die Schönheit der mit Pinien bewachsenen Küste und das intensive Blau, in dem das Mittelmeer hier erstrahlt, machte aus diesen Fischerhütten recht schnell Zweitwohnsitze für sonnenhungriger Stadtbewohner. Heutzutage sind es diese Zweitwohnsitze, zumeist Einfamilienhäuser, welche die Enklave von Sa Riera eingrenzen. Im Norden grenzt Sa Riera an den Strand von Pals, vor dem sich der Nacktbadestrand Illa Rosa befindet, der auf einem schön gestalteten Küstenweg zu erreichen ist. Ein ähnlicher Fußweg verbindet Sa Riera in südlicher Richtung mit dem Cap sa Sal.

Boote am Strand

Sa Tuna

Der Charme und die Ausstrahlung von Sa Riera wiederholen sich in Sa Tuna sogar noch eine Spur intensiver. Südlich vom Cap sa Sal und der Cala Aiguafreda gelegen empfängt Sa Tuna auf einladende Weise seine Besucher, die sich entweder auf dem Landweg oder vom Meer her dem Küstenort nähern. Über eine kurvenreiche, durch Pinienwälder verlaufende Landstraße eröffnet sich Sa Tuna den Landtouristen, lädt aber gleichzeitig die Seetouristen zur Einfahrt in seinen durch die Landspitzen Les Vaques und Es Plom begrenzten Hafen ein. Die Landspitze Es Plom befindet sich am Ende einer natürlichen Mole. Sa Tuna strömt Zurückgezogenheit und eine gewisse Bescheidenheit aus, die es vom mitunter hektischen Leben anderer Orte der Costa Brava wohltuend unterscheidet. Die relativ kleine nutzbare Strandfläche hat zweifelsohne dazu beigetragen. Der nördliche Küstenbereich Sa Tunas wird von einer gleichsam über dem Mittelmeer hängenden Bebauung gekennzeichnet. Ein sich bis nach Aiguafreda schlängelnder Rundweg lädt zur Erkundung ein. Ein ähnlicher Weg verläuft im Süden bis hin zur Platja de s'Eixugador.

Idyllischer kleiner Strand

Aiguablava

Das bekannteste Gebäude des geradezu paradiesisch anmutenden Küstenortes Aiguablava ist das sich im Staatsbesitz befindende Hotel Parador Nacional de Turismo. Anfang der Sechzigerjahre gebaut thront dieses weiß gestrichene Bauwerk auf der Felsnase der Punta d'Es Mut direkt oberhalb des herrlichen Strandes von Aiguablava. Seine Lage nach Osten ist ideal, damit die Gäste den Sonnenaufgang über der Costa Brava bewundern können. Ebenso paradiesisch wie Aiguablava erstrecken sich in unmittelbarer Nähe des Küstenortes die Buchten von Ses Herbes und Es Tramadiu sowie die Gebiete Cala Cabres und Cala Marquesa mit den Felsinseln Cap de Mort und Sa Roncadora. An diesen Orten offenbart sich die „wahre Costa Brava“ ihren zahlreichen Besuchern. Einst weltabgeschiedene Orte wie Aigua-xellida und Fornells reihen sich in die Liste ein. Hierhin zog sich gegen Ende des spanischen Bürgerkrieges der katalanische Autor Josep Pla zurück, der mit dieser Region sehr gut vertraut war. Von Aiguablava kann man am Meer entlang bis nach Tamariu spazieren.

Cala Marquesa, nördlich von Tamariu

Aigua-xellida →→

Blick von Fornells aus. Im Hintergrund der Parador nacional

Tamariu

Llafranc, Calella de Palafrugell und Tamariu erwarten den Besucher mit ihren gro en und weiträumigen Stränden. Tamariu ist der kleinste dieser drei Orte und kann als eine eigene Cala (kleine Meeresbucht) gelten. Seine schlichte, aber geschickte Bebauung rund um eine von Pinien und Tamarisken bedeckte Sandzunge unterstreicht den natürlichen Charme des Ortes. Zu Fuß kann der Wanderer ab Tamariu weitere Buchten von beeindruckender Schönheit wie etwa Pedrosa oder Gents entdecken.

Der Strand im Sommer

Die Bucht von Tamariu

Llafranc

Blick auf die Bucht

Llafranc bildet den Abschluss der Platja del Racó, eines der unwegsamsten Gebiete der Costa Brava. Trotz seiner Abgeschiedenheit und der eher geringen Bebauung ist Llafranc ein zu allen Jahreszeiten lebendiger und quirliger Ort. Neben seinem eher kleinen Hafen besitzt Llafranc einen Leuchtturm, der sich auf dem Cap de Sant Sebastiàn befindet und der einen unvergleichbaren Ausblick auf die umliegenden Küstenregionen gewährt. Dieser Leuchtturm beherbergt ein Hotel und ein Restaurant. Der weite Panoramablick reicht sowohl bis zu dem südlichen Teil der Costa Brava (Llafranc, Calella, die Punta de Forcats, Cap Roig, Cap de Planes usw.) als auch zu dem umgebenden Inland bis hin nach Palafrugell, und verliert sich schließlich in einer sanft ins Blau des Mittelmeeres übergehenden grünen Achse, aus der so manche hochgewachsene Agave herausragt.

Der Hafen von Llafranc

Calella de Palafrugell

Strände von Can Calau, Port Bo und Malaespina

Die weißen, zum Spaziergang einladenden Arkaden des Hafens Port Bo bilden den Mittelpunkt von Calella de Palafrugell. Arkaden gelten als eines der charakteristischen Stilelemente der Costa Brava. Trotz eines rasanten tourismusbedingten Wachstums in den letzten Jahren hat Calella de Palafrugell es verstanden, sich seine eigene architektonische Identität zu bewahren. Im Gegensatz zu seinen Nachbarorten Tamariu und Llafranc besitzt Calella gleich mehrere, durch Klippen voneinander getrennte Sandstrände.

Der größte dieser Strände ist Canadell, von dem man einen Spaziergang bis hin zum aus dem 16. Jahrhundert stammenden Turm von Calella unternehmen kann. Dem schönen Küstenweg folgend gelangt man schließlich nach Llafranc. Der im Vergleich zu Canadell eher bescheiden wirkende Strand von Port Bo lockt jedes Jahr tausende von Besuchern zu seinen traditionellen Habaneras-Konzerten an. Port Pelegrí, Sota Can Calau, Port de Malaespina und Sota de Sant Genis ergänzen die breite Palette von Stränden, die Canadell seinen Besuchern bietet. Südlich von Calella befindet sich einer der längsten unberührten Abschnitte der Costa Brava. Ein unbefestigter Weg durch den hier allgegenwärtigen Wald führt zu traumhaften Orten wie dem Botanischen Garten von Cap Roig oder den Küstenabschnitten von El Golfet, Cala Massoni, Cala del Vedell, Cala el Crit, Cala Font Morisca und Cala Pomes.

Unterwassersportler und Freizeitkapitäne finden an diesen Stellen ein wahres Paradies.

Typische Bogengänge der Häuser direkt am Strand

← Cala el Golfet, südlich von Calella

Die traditionellen „Habaneras-Konzerte" ziehen Menschenmengen an →→

"la Caixa"

Palamós

Trotz seiner eher geringen Einwohnerzahl ist Palamós nach Barcelona und Tarragona die drittgrößte Hafenstadt Kataloniens. Der Altstadtkern von Palamós wurde auf einem weiträumigen Landvorsprung errichtet, der vom Leuchtturm auf der Punta del Molí abgeschlossen wird. Die beiden Häfen von Palamós befinden sich in nördlicher und südlicher Lage. Der Handels- und Fischereihafen von Palamós ist Heimat einer großen Fischereiflotte. Bekannt ist dieser Hafen durch seine Fischauktionshalle, in der allmorgendlich der in der letzten Nacht angelandete Fang versteigert wird. Der zweite Hafen von Palamós wurde als reiner Freizeit- und Sporthafen konzipiert. Die Stadt hat ein rasantes, aber trotzdem geordnetes Wachstum hinter sich und erstreckt sich in südlicher Richtung bis hin zum großen Strand von Platja Gran, und im Landesinneren in Richtung Bisbal.

Im Mittelalter war Palamós Ausgangspunkt der katalonischen Expansion nach Italien und Griechenland. Seine Geschichte, seine zentrale Lage an der Costa Brava und seine vielfältigen Aktivitäten haben Palamós im Lauf der Jahrhunderte zu einer großen Zahl von Einrichtungen verholfen. Die gotische Kirche Santa Maria del Mar zählt ebenso dazu wie das Museu Cau de la Costa Brava, welches seine Besucher mit einer Vielzahl interessanter Sammlungen von Malereien, Münzen, Keramiken, Muscheln usw. anlockt. Der sonntägliche Markt unter freiem Himmel gilt als einer der lebhaftesten und buntesten an der Costa Brava.

Trotz seines überwiegend städtischen Charakters zeichnet sich Palamós durch zahlreiche viele unberührte Küstenabschnitte aus. Zahlreiche, teils sehr aktive Umweltschutzgruppen setzen sich für die Erhaltung der Natur an dieser Küste ein. Davon zeugt zunächst der nördlich des Cap Gros gelegene Strand von La Fosca. Geteilt durch den Fosca-Felsen dient dieser langgezogene Strand den Einwohnern von Palamós und Girona als traditioneller Ort ihrer Sommerfrische. In nördlicher Richtung und vorbei an der Punta de Sant Esteve gelangt man schließlich zur Cala s'Alguer, einem herrlichen autofreien Strand, an dem die alten, traditionellen

Fischerhütten baulich nahezu unverändert in Zweitwohnsitze umgewandelt wurden. Dem Küstenweg folgend erreicht man schließlich Cala Castell, einen langgezogenen unbebauten Sandstrand. Cala Castell war Austragungsort eines geradezu erbitterten Kleinkrieges zwischen Immobilienmaklern und Naturschützern, der schließlich zu Gunsten der Natur ausging. Hinter der Punta de la Corbetera erwarten den Besucher etliche wunderschöne und nur zu Fuß erreichbare Buchten. La Sania, Els Canyers und Estreta sind nur einige dieser Buchten, in denen die zwischen den Felsen wachsenden Pinien sich bis in das Mittelmeer hinein zu neigen scheinen.

Cala dels Canyers

Das Christmas Race entfaltet die Segel vor Palamós
→→

Cala S'Alguer

ITA
4246
SUI
1356
NED
1059
unicare
ESP
1730

470
ITA
42
ESP
1710
HUN
131

Platja d'Aro

Hinter Palamós und Sant Antoni de Calonge liegt Platja d'Aro, die nächste große Küstensiedlung an der Costa Brava. Platja d'Aro, welches zu Beginn des 20. Jahrhunderts noch völlig unbedeutend war, entwickelte sich rasch zu einer überproportioniert erscheinenden Betten- und Hotelhochburg. Die touristisch bedingte Gigantomanie überschattet bisweilen den außergewöhnlich großen und weitgezogenen feinen Sandstrand.

Platja d'Aro ähnelt in vielen Aspekten dem amerikanischen Las Vegas. Nicht das Glücksspiel, sondern der Tourismus haben hier eine riesige Freizeitmaschinerie entstehen lassen, die zu keiner Tages- oder Nachtzeit stillzustehen scheint. Die breite Hauptstraße, gesäumt von einer Vielzahl spektakulärer Neonreklamen und riesigen Hinweisschildern unterstreicht auf eindrucksvolle Weise die Ähnlichkeit mit dem amerikanischen Spieler- und Freizeitparadies.

Trotz seiner neuzeitlichen Gigantomanie haben sich in Platja d'Aro zahlreiche Spuren unverfälschter Natur erhalten. Sein riesiger, zwei Kilometer langer und vom Massentourismus geprägter Sandstrand grenzt an das Cap Roig, ein in das Meer hineinragender und mit Pinien bewachsener Felsvorsprung. Cap Roig ist mit dem Lande durch einen Isthmus, einen schmalen, vom Meer begrenzten Landstreifen, verbunden. Hier findet man noch die Costa Brava, die vor fast 100 Jahren die ersten Sommerfrischler anlockte.

Ein Spaziergang durch diese Gegend lässt den Besucher schnell begreifen was schon damals den Reiz und die Anziehungskraft der Costa Brava ausmachte. Fast der gesamte, sich von Torre Valentina nahe dem Strand von Sant Antoni de Calonge bis zum Felsen Cavall Bernat erstreckende Küstenstreifen scheint ein Spiegelbild der gesamten Costa Brava zu sein. Auf felsigem Terrain wachsende Pinien scheinen in das Mittelmeer hineinzuragen, und etliche malerische Häuser und Bauten fügen sich nahezu perfekt in diese Naturlandschaft ein. Naturstrände wie Treumal, Cap Roig, Bella Dona, Canyers, En Ros und Sa Cova schließen sich diesem Reigen aus purer und praller Natur an. Gegenüber der Platja Gran und hinter der Marina Port d'Aro, einem Sportboothafen mit ungewöhnlicher Architektur, befindet sich die durch ihre riesigen Ausmaße beeindruckende Cala de Sa Conca.

Der Sporthafen

Cap Roig

ATTILA

S'Agaró

In den Zwanzigerjahren entstand S'Agaró, welches den Ehrgeiz besitzt, höchsten Wohn- und Lebensstandard in einem privilegierten Winkel der Costa Brava zu bieten. Konzipiert wurde S'Agaró von damals sehr berühmten Architekten wie Masó, Florensa und Folguera, die dem Ort die Ruhe und Eleganz des *Noucentisme* (einer künstlerischen und poetischen Bewegung Kataloniens zu Beginn des 20. Jahrhunderts) verliehen. Das geradezu mythisch wirkende Hotel La Gavina, die vielen prächtigen Villen sowie seine Aussichtspunkte und Balustraden scheinen eine gewollte Dekoration für S'Agaró zu bilden. Auch die Natur hat sich mit der Architektur verbündet, verfügt S'Agaro doch über eine sehr gelungene Stadtbegrünung. Auf einem wunderschönen und landschaftlich gut gepflegten Küstenweg lässt sich die Gegend bis hin zur Landspitze En Pau und zur breiten Bucht von Sa Conca erwandern. En Pau befindet sich in unmittelbarer Nähe des Strandes von Sant Pol, der mit seinen zahlreichen, im Baustil des beginnenden 20. Jahrhunderts errichteten Villen zu beeindrucken vermag.

Modernistische Ferienvilla am Strand von Sant Pol

Rundweg von S'Agaró →→

S'Agaró und, im Hintergrund, der Strand von Sant Pol

Sant Feliu de Guíxols

Sant Feliu de Guíxols ist eine der größten Siedlungen der Costa Brava. Schon im 19. Jahrhundert begründeten Korkindustrie und Seeverkehr seinen Wohlstand, der dann später vom Tourismus ergänzt wurde. Einige Stadtteile Sant Felius erstrecken sich tief ins Hinterland hinein. Der größere Teil Sant Felius jedoch erstreckt sich entlang des Mittelmeerstrandes sowie seines Hafens, der einen exklusiven Yachtclub beherbergt. Die Bucht von Sant Feliu wird durch die Hafenmole fast völlig abgeschlossen. Die Einsiedelei von Sant Elm, auf dem gleichnamigen Hügel gelegen, bietet einen schönen Panoramablick auf das Mittelmeer und auf weite Teile von Sant Feliu.

Das Städtchen vereint unterschiedliche architektonische Stile. Zu den bedeutenden Sehenswürdigkeiten von Sant Feliu gehören das Benediktinerkloster Sant Feliu sowie das Stadttheater. Im gleichnamigen Benediktinerkloster ist das noch aus der vorrömischen Zeit stammende Portal der Porta Ferrada von besonderem Interesse. Sehr anziehend ist die Strandpromenade mit ihren geradezu pittoresk wirkenden Häusern aus der Jahrhundertwende, darunter das im arabischen Baustil gehaltene Nuevo Casino La Constancia mit seinem charakteristischen ockerfarbenen Anstrich.

In Richtung Santa Cristina de Aro befindet sich der Pedra Alta, ein äußerst spektakulärer, instabil und wackelig wirkender Doppelfelsen. Für Touristen ebenfalls interessant ist die rund 25 km lange, sehr kurvenreiche Landstraße, die Sant Feliu mit Tossa verbindet. Eine Fahrt über diese Straße kann mitunter ebenso anstrengend wie abenteuerreich sein, verbirgt diese Straße doch eine Unzahl von versteckten und zur Entdeckung einladender Ecken und Winkel.

Sant Feliu,
von Süden aus gesehen

Das außergewöhnliche Gebäude des Nuevo Casino La Constancia

Pedra Alta →

Einige Felsinseln schaffen Distanz zu den Seefahrern →→

TOSSA
3ª BA 4-1273

Tossa de Mar

Die von einer zinnenbedeckten Mauer umgebene, hoch oben auf dem Cap de Tossa errichtete Altstadt macht Tossa de Mar zu einer der charakteristischsten Städte an der Costa Brava. Das aus dem 12. Jahrhundert stammende Mauerwerk beschützte über viele Jahrhunderte hinweg die überwiegend nach dem 15. Jahrhundert errichteten Bauten dieser Stadt. Sehr gut erhalten sind die drei Wind und Meer trotzenden, zylindrischen Türme, welche wiederum von einer Anzahl kleinerer Türme umgeben sind. Unmittelbar nach Erreichen von Tossa fühlt sich der Besucher gebannt vom mittelalterlichen Flair des Städtchens, welches sich in einem ständigen Erneuerungs- und Restaurierungsprozess zu befinden scheint.

Tossa de Mar wird von pittoresken, gut gepflegten und immer wieder ansteigenden Gassen und Gässchen durchzogen. Üppig von zahllosen Beeten und Blumengefäßen begrünt und von Kletterpflanzen durchwachsen scheinen diese Gassen und die holzgeschnitzten Hauseingänge den Urlauber in vergangene Jahrhunderte zurückzuversetzen.

Das städtische Gesamtbild des an einem Nordhang gelegenen Tossa de Mar übte nicht nur auf Reisende und Touristen, sondern auch auf viele Kunstschaffende einen ganz besonderen Reiz aus. Weltberühmte Maler wie Marc Chagall oder Yves Klein besuchten diesen Ort und eröffneten hier sogar ihre Ateliers. Das städtische Museum, das sich im gotischen Palau del Battle befindet – dem Palast des Stadtvogts – beherbergt eine Vielzahl von Kunstwerken und zeugt noch heute von dieser bemerkenswerten künstlerischen Vergangenheit.

Der höchste Punkt von Tossas romantischer Altstadt – der Vila Vela – wird durch die Ruinen eines aus dem 15. Jahrhundert stammenden Gotteshauses geprägt. Von hier aus bietet sich ein geradezu unvergleichbarer Blick auf das gesamte Stadtgebiet. Außerhalb des Altstadtkerns entwickelte sich die Vila Nova – die Neustadt – welche den größten Teil des Tourismus- und Dienstleistungsangebotes von Tossa de Mar beherbergt.

Hinter dem Strand von Tossa, auf dem sich der große Hollywoodstar Ava Gardner dereinst während der Dreharbeiten zum Film *Pandora und der fliegende Holländer* sonnte, wuchs die Neustadt von Tossa de Mar – die Vila Nova – diskret und ihr lokales Kolorit bewahrend, heran. An diesen Platja Gran getauften Strand fügt sich gegen Norden der Strand Mar Menuda an. Hier beginnt die bereits vorher erwähnte, kurvenreiche Landstraße, deren 25 km langer Weg den Reisenden bis hinunter nach San Feliu führt.

Eine Fahrt auf dieser Straße, wenn möglich an einem einsamen und sonnigen Wintermorgen, kann zu einem unvergesslich schönen Ereignis werden. Entlang des sich wie flüssiges Silber darbietenden Mittelmeeres findet der Reisende eine Unzahl kleiner und versteckter Buchten vor, die noch weitgehend unentdeckt und unberührt vom Massentourismus sind. Die Cala Pola oder die sehr versteckt liegende Giverola, die sich dem automobilen Tourismus zu verwehren scheint,

Eine der steil ansteigenden Gassen der Vila Vella

Cala d'es Codolar,
Unterhalb des Mauerrings

stehen stellvertretend für viele andere romantische und weitestgehend unberührte Buchten entlang dieser Reiseroute. Die Futadera und die Salionç, wo eine Mischung aus Steineichen und Pinien den geologischen Übergang verkündet, zeugen ebenso wie der lange schmale Sandstreifen der Platja del Senyor Ramón, die Cala de Canyerets oder die Cala Joana von der unermesslichen Schönheit dieses Landstriches zwischen San Feliu und Tossa de Mar.

Platja de Llorell

Platja de la Mar Menuda →

Der Tossa de Mar-Strand →→

ENCRACIA
3-BA-4-1075
7-BA-4-385-92

JOAQUINA
3BA-6-1986
3ªBA 4-307

Lloret de Mar

Der Strand und die Seepromenade

Lloret stellt unter touristischen und stadtplanerischen Gesichtspunkten eine Besonderheit an der Costa Brava dar. Von dem ehemaligen Fischerdorf am herrlichen Strand zwischen den Landspitzen Sa Carvera und Sa Caleta, über denen sich die typische Burg d'en Platja erhebt, ist nur noch wenig übrig. Reiseveranstalter aus ganz Europa haben diesen Ort zu einem bevorzugten Urlaubsziel gemacht. Der europäische Gedanke drückt sich hier sogar in einer höchst eigenwilligen Art von paneuropäischer Stadtverwaltung aus. Die verschiedenen Länder Europas wie z.B. Großbritannien, Deutschland oder die Niederlande, verfügen über jeweils eigene Stadtbezirke. Dies soll den unterschiedlichen Nationalitäten den Aufenthalt in Lloret de Mar angenehmer und vertrauter machen. Auf diese Weise ist Lloret de Mar zu einem Ort mit zusammengewürfelt erscheinender Architektur und Straßenschildern in verschiedenen Sprachen geworden, der im Frühjahr und Sommer von tausenden Touristen besucht wird.

Lloret bietet seinen Besuchern zahlreiche Sehenswürdigkeiten wie z.B. die palmenbestandene Seepromenade, die parallel zum Strand verläuft. Die Kirche Sant Romà mit ihrem gotischen Portal und ihrem Retabel sind ebenso zu nennen wie das im Isabellinischen Stile gehaltene Rathaus, welches sich direkt am Anfang der Seepromenade befindet. Die auf dem Felsen El Rompent ins Meer hinaus blickende *Dona Marinera* – die Matrosin – zählen ebenso dazu wie das Kastell von Sant Joan in Fenas oder die Einsiedelei von Santa Cristina, die sich zwischen den Stränden von Santa Cristina und Treumal erhebt.

Um der Wahrheit genüge zu tun: die meisten Feriengäste von Lloret werden wohl durch das umfangreiche Angebot an Pubs, Diskotheken, Bars, Flamencolokalen oder Spielhöllen angelockt. Das Nachtleben von Lloret scheint in dieser Hinsicht nahezu unerschöpflich zu sein. Ein Spielcasino, eine Stierkampfarena und eine herrlicher, in Richtung Vidreres gelegener Wasserpark vervollständigen das reichhaltige Freizeitangebot.

Dereinst war das Gebiet, auf dem Lloret errichtet wurde, von beeindruckender natürlicher Schönheit. Dies spiegelt sich immer noch in den weiten, die Stadt umschlingenden Küstenabschnitten und deren versteckten Winkeln wieder. Kleine Buchten südlich von Lloret gelegen – wie etwa die Buchten von Treumal oder Santa Cristian – haben diese natürliche Schönheit bis auf den heutigen Tag bewahrt. Ebenso die Strände und Buchten Platja de la Boadella und Cala d'En Serrahima. Zwischen beiden und vor Fenals gelegen erstrecken sich die oasenartigen Gärten von Santa Clotile, die rund um die gleichnamige Villa errichtet wurden.

Strand von Sa Caleta und Kastell von Lloret

Die landschaftliche Schönheit von Llorets nördlicher Küste übertrifft dies alles aber noch bei weitem. Beginnend mit der Cala de los Frares und der Cala d'en Trons begegnet dem Touristen in diesen Naturlandschaften ein Maß an Ruhe und Zurückgezogenheit, welches im hektischen Treiben der Tourismushochburgen häufig verloren gegangen zu sein scheint. Dieses Phänomen setzt sich weiter nach Norden hinter der Punta de los Capdells in Form der Cala Tortuga, der weiten Cala Canyelles (ausgestattet mit einem kleinen Yachthafen), der Cala Morisca und den Stränden von Porto Pi, Llorell, Carles und Llevador fort.

Rundweg, der dem Küstenverlauf folgt

Cala d'en Serrahima

Die Cala Canyelles ist eine der beliebtesten Buchten →

Sa Boadella→→

Platja de Santa Cristina →→→

Blanes

In Blanes findet die Costa Brava, jene wilde, überwiegend von Felsgestein geprägte Küstenlandschaft, ihr nahezu abruptes Ende. Der felsige Charakter verliert sich hier rasch und geht hinter der Punta la Palomera im Landkreis Maresme schließlich in Flachland über. Blanes verfügt über eine lange Seefahrtstradition. Schon im 19. Jahrhundert war Blanes ein Zentrum des mediterranen Frachtverkehrs. Davon zeugt der quadratisch angelegte Hafen inmitten einer wunderschönen, halbrund geformten Meeresbucht. Die beschauliche Strandpromenade lädt den Besucher zu ausgedehnten Spaziergängen im Schatten von Pinien und Platanen ein. Die Burgruine des Castells de Sant Joan bietet ihren Besuchern einen wunderbaren Blick auf das Stadtbild. Auf dem gleichen Hügel gelegen gibt der botanische Garten Mar i Murtra einen interessanten Einblick in die Pflanzenwelt des Mittelmeeres. Im Norden zu Füßen dieser Hügellandschaft erwarten den Reisenden die Buchten Forcanera und Sant Francesc.

Panoramablick vom Castell de Sant Joan

Ansicht des Botanischen Gartens Mar i Murtra

Wallfahrtskapelle Sant Francesc

Cala Sant Francesc →

Girona
Pla de l'Estany
La Garrotxa

Tortellà
Beuda
Maià de Moncal
Cabanelles
Navata
Castellfollit de la Roca
Sant Jaume de Llierca
Argelaguer
Besalú
el Fluvià
Sant Joan les Fonts
Olot
Serinyà
Esponellà
Orfes
el Torn
Galliners
el Sallent
Melianta
Sant Miquel de Campmajor
Santa Pau
Porqueres
Banyoles
Mieres
Sant Esteve d'en Bas
Pujarnol
Cornellà del Terri
Falgons
Sant Aniol de Finestres
Camós
Sant Feliu de Pallerols
Sant Martí de la Mota
Sant Martí de Llémena
les Planes d'Hostoles
Sarrià de Ter
Rupit
Amer
Sant Gregori
Girona
el Ter
la Cellera de Ter
Bonmatí
Salt
Bescanó
Anglès
el Mas Lluners
Aiguaviva
Quart
Fornells
Salitja
Brunyola

Girona

In Girona, einer der vier katalanischen Provinzhauptstädte, fließen die Flüsse Ter und Onyar zusammen. Die in florentinischen Tönen gestrichenen Hausfassaden zeugen von einer städtischen Tradition, die sich teils durch wirtschaftlichen Erfolg und teils durch militärische Siege und Heldentaten begründet. Girona ist eine Stadt der Monumente. Davon zeugt die imposante und majestätisch wirkende Kathedrale, die man über eine ebenso imposante und majestätische Freitreppe erreicht. Ausgestattet mit einem romanischen Kreuzgang, gotischem Schiff und Barockfassade birgt das Gotteshaus in seinem Inneren zahlreiche historische Kunstschätze. Die Grabstätte von Ramon Berenguer II und der Marmorthron von Karl dem Großen zählen ebenso dazu wie der berühmte *Schöpfungsteppich*, eines der berühmtesten Textilwerke des frühen Mittelalters.

Der Onyar und das Stadtzentrum, beherrscht von der Kathedrale

Das vom Regen verwöhnte Girona ist eine Stadt mit Tradition und Geschichte. In den letzten 20 Jahren erfuhr Girona jedoch zahlreiche Veränderungen. Die wohl

Herbstliche Abenddämmerung in der Devesa

wichtigste Veränderung ging vom Ausbau seiner Universität aus, die zu einer Art Entwicklungsschwerpunkt sowohl für die Wirtschaft als auch für das soziale Leben und sogar für die städtebaulichen Aspekte Gironas wurde. Sorgsam restaurierte Teilstücke seiner alten Stadtmauern, die sich rund um die Universitätsgebäude erstrecken, bieten einen hervorragenden Rundblick auf das Stadtgebiet. Sich an diese Universitätsanlagen anschließend entdeckt man das neugestaltete *Call* (Judenviertel) – einen Komplex aus ansteigenden Gassen rund um die Straße Força und das Gebäude von Isaac el Cec. Umgebaut zu einem Kulturzentrum stellt dieses Viertel ein begehrtes Reiseziel für die internationale hebräische Gemeinschaft dar. Die Besichtigung des prachtvollen Klosters von Sant Pere de Galligants, Sitz des archäologischen Museums, ist ebenso empfehlenswert wie der Besuch von Sant Nicolau und Sant Feliu, der arabischen Bäder, des Stadtmuseums, des Kinomuseums und der Devesa. Dieser ausgedehnte und zu Wanderungen einladende Stadtwald ist das bevorzugte Erholungsgebiet der Gironesen.

Die Brücke „d'en Gómez"

Treppe von Sant Domènec, im Altstadtkern

Der „Schöpfungsteppich" ist das Prunkstück des Museums der Kathedrale

Die Freitreppe, die zum Eingang führt, vergrößert den Kathedralenkomplex →

Innenraum der Arabischen Bäder

← Carrer de Cúndaro im Herzen der Stadt

Im Fluss Onyar spiegeln sich die farbenfrohen Hausfassaden →→

Banyoles

Katalonien besitzt einige Seen, aber die eigentliche „Stadt am See“ ist Banyoles. Mit einem Radius von sechs Kilometern – und damit ideal für Spaziergänger und Radler – prägt „l'Estany“ (der See) die Landschaft und einen großen Teil der Aktivität jener Stadt. Der See selbst nimmt nahezu ein Drittel des gesamten Gemeindegebietes ein. Tiefliegende Nebelschwaden lassen diesen See bisweilen geradezu verzaubert und verwunschen erscheinen. Seine Länge von zwei Kilometern ist ideal für den Rudersport, der in Banyoles viele Freunde hat. 1992 war dieser See Nebenaustragungsort der Olympischen Spiele von Barcelona. Die mehr als tausend Jahre alte Stadt Banyoles besitzt viele schöne Bauten wie etwa das klassizistische, auf gotischen Ruinen errichtete Kloster Sant Esteve und den von Arkaden umgebenen Plaça Major, dessen Gebäude aus dem 12. Jahrhundert stammen. Empfehlenswert ist außerdem das Museu Arqueològic mit dem berühmten „Kiefer von Banyoles“, den ältesten Überresten eines katalanischen Ureinwohners.

Pla de l'Estany

Romantische Ansicht des Sees

Besalú

Die befestigte romanische Brücke

Das prächtig erhaltene, mittelalterliche Ortskern von Besalú stellt sich als eine Art von historischem Kontrapunkt zur wilden Landschaft der Costa Brava dar. Unter seinen zahlreichen mittelalterlichen Bauten ragt die aus dem 11. Jahrhundert stammende romanische Brücke besonders hervor. Die beeindruckende Krümmung dieses Bauwerks stützt sich auf im Flusse Fluvià errichteten Bögen ab. Die schon vor der eigentlichen Stadtgrenze insbesondere von den jüdischen Bädern des *Mikwà* aus gut erkennbare Brücke führt die Besucher von Besalú auf direktem Weg in die Kernstadt hinein.

Einen der wichtigsten Anziehungspunkte von Besalù stellt die Kirche Sant Pere dar. Das Gotteshaus besitzt eine italienisch anmutende, strenge Fassade, von der zwei Löwenfiguren prangen und die eine Apsis mit Chorumgang besitzt. Von der gleichsam in Stein gemeißelten Stabilität und Robustheit Besalús zeugen das Gotteshaus von Sant Vicenç und die zum alten Judenviertel führende Straße Tallaferro.

Plaça dels Claustres

Olot

Olot, Hauptstadt des Landkreises La Garrotxa und bedeutender Industrie- und Handelsplatz, ist auch als „Stadt der Vulkane“ bekannt. Immerhin 38 erloschene Vulkankegel erheben sich in der Umgebung. 400 Meter über dem Meeresspiegel gelegen und eingerahmt von grünen Hügeln – mit den Pyrenäen im Hintergrund – liegt Olot im Städteviereck zwischen Girona, Figueres, Ripoll und Vic. Diese zentrale Lage ist und war Grundlage für den wirtschaftlichen Erfolg sowie für die reiche kulturelle Tradition der Stadt. Große Teile von Olot wurden im 15. Jahrhundert durch ein Erdbeben zerstört. Aus diesem Grunde besitzt die Stadt sehr wenig antikes und mittelalterliches Kulturerbe.

Jedoch nahmen historische Bauwerke späterer Jahrhunderte diesen Platz ein. Die Kirche Sant Esteve sowie der Renaissancekreuzgang der Carme-Kirche sind eindrucksvolle Zeugen jener Zeit. Daneben besitzt Olot eine Reihe von wichtigen Museen. So gilt das Museu Comarcal de La Garrotxa als Hochburg der Landschaftsmalerei der sogenannten Schule von Olot, die die Stadt berühmt

„Cavallets d'Olot“ auf dem Stadtfest von Tura

Plaça Clarà

gemacht hat. Diese Werke werden ergänzt durch Skulpturen von Clarà und Blay sowie dem berühmten Ölgemälde *La càrrega* von Casas.

Vulkankrater von Santa Margarida

Der riesige zwölftausend Hektar große Naturpark des ehemaligen Vulkangebiets Garroxta zieht jedes Jahr zahlreiche Besucher an. Im wahrsten Sinne „herausragende" Reiseziele sind die ehemaligen Vulkane Montsacopa und Croscat. Die Spitze des Montsacopa gewährt einen beeindruckenden Blick auf die Stadt Olot. Der direkt daneben liegende Vulkankegel Fageda d'en Jordà besitzt einen riesigen, geradezu verzaubernd wirkenden Buchenwald, den der Dichter Maragall ganz zurecht als „befreiendes Gefängnis" beschrieb. Im Inneren dieses Buchenwaldes, der im Herbst von einer Symphonie aus Gelb, Grün und Braun gefärbt wird, auf einem Teppich von Laub sich bewegend und die letzten Züge der Herbstsonne genießend fühlt man sich gleichsam in eine andere Welt versetzt.

Fageda d'en Jordà, ein bezauberndes Naturgebiet

Santa Pau

Nach dem Besuch in Olot ist Santa Pau das ideale Anschluss-Reiseziel. Santa Pau selbst ist eine aus dem Mittelalter stammende Siedlung, die sich in einem sanft geschwungen, grünen Tal inmitten der Vulkane Croscat, Puig de la Costa, Santa Margarida, Roca Negra, Puig Subià und Simó befindet. Die Ortschaft gruppiert sich um die gleichnamige Burg und zeichnet sich durch ihren für die Pyrenäen typischen Baustil aus. Besonders deutlich wird das auf dem Hauptplatz, einem ehemaligen Viehmarkt, der durch eine lange, mit Säulengang ausgestattete steinerne Fassade und eine Reihe von Holzbalkonen unter seinem Kranzgesims charakterisiert wird. Am gleichen Platz erhebt sich die gotische Kirche von Santa Maria. Die erhöhte Lage von Santa Pau macht es zu einem herrlichen Aussichtspunkt über die hügelige und liebliche Vulkanlandschaft des Naturparks der Garrotxa. Dieser Panoramablick wird lediglich vom zackigen Profil der Gebirgskette Serra de Finestres unterbrochen.

Fassade einer der Häuser mit Säulengang

Gesamtansicht der Ortschaft

© *des Textes*
LLÀTZER MOIX

© *der Fotografien*
JORDI PUIG

JAUME SERRAT 10, 15, 54, 69, 158, 160, 174, 189 · **RICARD PLA** 68, 70, 79, 153, 175, 183, 184, 186, 188 · **JORDI TODÓ** 53, 71, 113 · **CARLES VIRGILI** 108 **JOSEP FERRER** 152 · **MIGUEL RAURICH** 59 · **ORIOL MASPONS / FUNDACIÓ GALA-SALVADOR DALÍ** 89 · **RICARD CARRERAS** 137 **ÁNGEL GAGO** 173 **JOAN OLIVA** 181 **JORDI PUIG-PERE VIVAS** 198

Leitung
JORDI PUIG

Grafikdesign
MARTÍ ABRIL

Layout
VADOR MINOBIS

Übersetzung
SUSANNE ENGLER

Fototechnik
TECNOART

Druck
IGOL, S.A.
4-2009

Hinterlegung eines Phlichtexemplars **B-16.320-2003**
ISBN **978-84-8478-014-4**

TRIANGLE POSTALS
Sant Lluís, Menorca
Tel. 971 15 04 51
Fax 971 15 18 36
www.triangle.cat